LA BATAILLE SOUS NANCY

PUBLICATION VENDUE

AU PROFIT DES ARTISTES ET ARTISANS BLESSÉS

DES INDUSTRIES DU LIVRE

Il a été tiré de cet Ouvrage
Cent Exemplaires sur papier du Japon
pour les Bibliophiles.

LA COUVERTURE COLLECTIVE DES DOUZE PLAQUETTES
contient la reproduction d'un Dessin de Carlos Schwabe destiné à recevoir le Nom d'un cher disparu, pour en perpétuer le souvenir.

Les textes ne sont pas vendus séparément.

AD·AUGUSTA·PER·ANGUSTA
AD. GIRALDON·15

MAURICE BARRÈS
de l'Académie Française

1914-1916

LA BATAILLE SOUS NANCY

FRONTISPICE
DE
ADOLPHE GIRALDON

PARIS
MAISON DU LIVRE
3, *Rue de la Bienfaisance*, 3
1916

LA BATAILLE SOUS NANCY

Si l'on vient d'Allemagne vers Nancy par l'Est, on aperçoit, depuis le haut plateau, une ligne longue et large sur le ciel. Hauteur modeste que, hier encore, nul ne connaissait. Les gens de Dombasle et de Varangeville y montaient seuls pour leur culture. Pourtant le capitaine Gilbert, le colonel de Pouvourville, tous les écrivains militaires, et récemment le Colonel Driant, assisté de ses collègues de Nancy, avaient signalé son utilité, préparé son rôle. Au premier bruit de guerre, en toute hâte, on y avait pressé les travaux déjà commencés en secret; on avait creusé des tranchées, dressé des abris... Ce n'est qu'un talus, mais d'où notre artillerie commande sans guère se laisser voir l'immense plateau et les vallées du Sanon et de la Meurthe. Un vrai sanglier lorrain, terré, cachant ses défenses formidables pour mieux frapper et sur le tout un nom têtu digne des vieux hommes d'armes de Lorraine, durs à l'attaque et à la défense : le Rembêtant.

C'est lui qui, dans cette partie gauche du Grand-Couronné, a présidé — comme les hauteurs de Sainte-Geneviève, à droite, comme le mont d'Amance, au centre — à la furieuse bataille des vingt-deux jours sous Nancy. Quand les Prussiens victorieux à Morhange et qui venaient d'entrer, musique en tête, à Lunéville, marchèrent, toujours jouant et chantant, sur Saint-Nicolas et Nancy, par la vallée du Sanon, ce sont ces batteries invisibles qui les écrasèrent d'obus et les arrêtèrent.

Désespérant de forcer la vallée, ils marchèrent alors sur le plateau. Ils arrivaient en ligne immense. Ils arrivaient de partout, de Vitrimont, d'Einville, de Beaugemont, de Serres, d'Hœville.

Mais le 20e corps veillait.

Depuis le 22 août, le 20e corps était rentré dans les lignes du Grand-Couronné. Quelques jours passés dans le Vermois l'avaient reconstitué en hommes et en munitions. Il brûlait de retrouver ces Allemands avec qui il venait de se battre à Morhange. Ses deux divisions passèrent la Meurthe, l'une à Rosières-aux-Salines, l'autre sur un pont de bateaux, entre Laneuveville et Saint-Nicolas, et tout de suite marchèrent à l'attaque.

Vingt-deux jours commençaient d'une bataille où l'on se battit sans arrêt, même la nuit. Nous n'en avons pas encore de rapport officiel, ni même officieux. Nul schéma de ces opérations. Les témoins même avec qui je me suis promené parmi ces villages brûlés, ces bois déchiquetés et ces campagnes ravinées de tranchées et plantées de croix funèbres, renoncent à donner un récit logique du long et furieux pêle-mêle qui a trempé de sang les bois de Vitrimont, la ferme de Léomont, les territoires d'Anthelupt, d'Haraucourt, de Gellenoncourt, de Courbessaux. Et ce nuage prolongé sur ces combats leur donne dès maintenant un obscurcissement de légende.

Rien de trouble, d'incertain pourtant : la pensée des deux peuples qui s'affrontent là, c'est Nancy. Nancy, qui attend avec anxiété, à 15 kilomètres, n'ayant pour rempart que des terres levées à demi-improvisées et ce 20e corps dont les soldats, pour la plupart (mêlés à des Parisiens) sont les fils de son horizon.

« Saisir Nancy! » « Sauver Nancy! » Dans ces deux cris se ramasse la volonté furieuse des deux armées. Mais leur double poussée s'éparpille en d'innombrables faits d'armes.

Cette région entre Nancy et Lunéville est déjà une sorte de plaine. Voyez sur les cartes : le terrain est bien moins ombré que dans les autres secteurs du Grand-Couronné. C'est ondulé, sans plus. Nulle hauteur qui équivale à Sainte-Geneviève, à Mousson, au Xon ou bien au mont d'Amance. Ce sont de petits renflements, et, les bois étant nombreux, les vues s'étendent peu. Il ne s'agit pas de conquérir une position centrale qui domine tout le pays. En lignes de tirailleurs, nos soldats et les Allemands, utilisant avec soin tout ce qui peut cacher leurs mouvements, se disputent certains points d'appui qui commandent des routes, des vallées. On se bat avec acharnement pour la possession de Frascati, d'Einville et de son bois qui rendrait maître de la route de Château-Salins à Lunéville, par où se ravitaillent les Prussiens.

Les étoiles succèdent au soleil et le soleil brûlant réapparaît, sans que la ligne de bataille cesse de flotter et d'ondoyer. Dans cette multitude de petites actions, les bataillons se poussent et se refoulent comme les plis des vagues dans la tempête. Quand une troupe a vivement donné, est trop démolie, quand elle compte plus de blessés et de morts que de vivants, quand ses fusils brûlants n'ont plus de cartouches, elle cède sa place à des forces fraîches et s'en va en arrière se ravitailler d'hommes et de munitions. Ainsi des régiments, chez les Prussiens, comme chez nous, entrent continuellement dans la ligne de feu ou bien en sortent, et ce va et vient ajoute encore à la difficulté de fixer la forme de cette bataille. Un officier qui me donne des explications et qui refuse, avec beaucoup de chic, d'être ému ou étonné de rien, au point que je n'en puis tirer que les numéros des régiments et les cotes de la carte, soudain a une image frappante : « Nous faisions avec les Allemands un quadrille des lanciers, d'interminables en avant-deux. »

Si effroyable que fût cette lutte, sous une chaleur mortelle, qui ne céda que le 9 septembre pour faire place aux orages et à la pluie, les hommes ne connurent jamais le découragement. Deux compagnies, dans le bois d'Einville, attendaient sans défiance, sans savoir que les nôtres s'étaient repliés. Les cuisiniers étaient allés allumer leurs feux en arrière, dans un ravin, de manière à n'être pas vus.

Soudain, les Allemands, avec des forces supérieures, abordent le bois. Il fallut battre en retraite avec rapidité. Ces braves cuisiniers suivirent le mouvement; mais soigneusement, en pressant le pas, ils emportaient et préservaient le dîner des camarades.

Remarquons en passant que jamais les troupes ne manquèrent de vivres. « On ne passa pas deux jours sans viande fraîche. » Au reste, telle était la fièvre, la tension des volontés, que tous vivaient, agissaient comme des machines. Ils étaient des âmes faisant la guerre. Les yeux fixés sur le but à atteindre, ils ne voyaient, ne tenaient en considération que cet objectif limité : leur mission propre, l'ordre reçu. Les chefs se ruaient à l'assaut, le fusil à la main. Au bois de Crevic, exactement à la cote 316, où il est question d'élever un monument à la 78e brigade, on m'a montré le coin de terre où le colonel Dubois trouva la mort, en entraînant la 160e à l'assaut. Son corps fut rapporté, non pas sur un glorieux brancard de fusils, mais lié sur son cheval d'armes. Soldats et officiers tombaient sans une plainte. Le général Gérome, passant très affairé dans la nuit, soudain distingue dans l'herbe deux yeux brûlants qui le fixent. C'est un malheureux soldat, les deux jambes arrachées, qui lui dit simplement : « Mon général, voulez-vous m'envoyer les brancardiers? »

Cette faible voix, à cette minute terrible, est plus émouvante pour l'âme que cet effroyable déploiement de brutalités. C'est la délicatesse du cœur et la perfection de notre civilisation qui se témoignent dans cette parole extraordinairement ferme et polie. Si nous étions vaincus, si l'armée de Castelnau laissait passer les Allemands, une des formes de l'esprit guerrier, la chevalerie du monde, aurait vécu.

Foch, Balfourier, le 20e corps et ses réserves, et ses dignes émules qui tenaient autour de Nancy, c'était le gond de la bataille de la Marne qui résistait. Les soldats et les chefs ignoraient leur immense utilité. Ils savaient une seule chose, l'ordre reçu : tenir à tout prix.

LA BATAILLE SOUS NANCY

Comment apprirent-ils leur triomphe?

« Un beau jour, me dit un témoin, nous étions dans les tranchées, à Haraucourt. Une fois de plus, nous nous préparions à attaquer. Quelqu'un de nous qui regardait avec sa lunette dit : « Les « Allemands s'en vont. » Nous ne savions pas pourquoi. Nous ignorions les opérations de la Marne. »

Et, sur le carnet d'un combattant, je lis : « 12 septembre. Nous apprenons que l'ennemi se retire. La canonnade était forte. Nous sommes étonnés de le voir s'en aller ».

Sur une telle note, d'un bond, l'imagination revoit le mystérieux départ du duc de Brunswick à Valmy, et, plus loin, dans le nuage des siècles, Attila cédant à Sainte-Geneviève. Beaucoup de Nancéiens allèrent en pèlerinage à Saint-Nicolas-du-Port, dans la vieille basilique où Jeanne d'Arc, à la veille de quitter Domrémy et de se rendre auprès du roi, vint prier pour le succès de sa mission. Je n'ai pas la mémoire assez nette pour répéter les coïncidences, les dates concordantes, que d'une voix baissée, comme pour raconter les mystères du ciel, on m'a signalées en Lorraine. On admirait que les Allemands se fussent arrêtés devant le mont Sainte-Geneviève; on me disait que c'est un jour consacré par la religion à Jeanne d'Arc. Ce qui m'émeut davantage, c'est dans les rues de Nancy, quand toute la population accompagne avec une ivresse de reconnaissance les régiments du 20ᵉ corps, à qui elle doit son salut, et qui s'éloignent pour continuer leur tâche dans le Nord, cette vieille femme qui s'approche rapidement d'un capitaine, et lui tendant un bouquet : « Mon capitaine, c'est pour tous les soldats ».

Cette vieille femme, je la reconnais, c'est la même dont parlent nos anciennes chroniques de Lorraine, qui, dans Saint-Nicolas, « s'approcha secrètement de René II », son duc, la veille de la bataille contre le Téméraire, et lui mit dans la main une bourse où étaient toutes ses économies, pour marquer sa foi dans les armes de la Patrie et pour contribuer à sa délivrance.

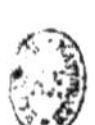

www.ingramcontent.com/pod-product-compliance
Ingram Content Group UK Ltd.
Pitfield, Milton Keynes, MK11 3LW, UK
UKHW022157260726
13993UKWH00005B/2424

9 782019 977115